classic-min**e**dition

verlegt in der Michael Neugebauer Edition GmbH, Bargteheide

Copyright 2017 für die Reihe classic-minedition
Text Copyright © 2006 Brigitte Weninger
Illustrationen Copyright © 2006 Eve Tharlet
Alle Rechte, auch die der auszugsweisen Vervielfältigung,
gleich durch welche Medien, vorbehalten.
Rechte bei „minedition rights and licensing ag" Zürich
Gesetzt wurde in der Ikone
Lithografie: Fotoreproduzioni Grafiche, Verona
Koproduktion mit Michael Neugebauer Publishing Ltd. Hongkong

ISBN 978-3-86566-347-4
Ebenfalls erhältlich als Paperback Ausgabe inklusive DVD: ISBN 978-3-86566-508-9

Bibliografische Information der Deutschen Bibliothek:
Die Deutsche Bibliothek verzeichnet diese Publikation in der Deutschen
Nationalbibliografie; detaillierte bibliografische
Daten sind im Internet über
http://dnb.ddb.de abrufbar.

Mehr Information über unsere Bücher finden Sie unter:
www.minedition.com

Ein Ball für Alle

Brigitte Weninger
mit Bildern von Eve Tharlet

classic-min**e**dition

Max Maus und seine Freunde spielen fröhlich auf der Wiese.
„Pass auf, Molli – der Ball rollt zu dir!", ruft Anni Amsel,
weil das Maulwurfskind nicht gut sehen kann.
Doch Molli streckt nur ihr Näschen in die Luft und fragt verwundert:
„Wer ist denn noch da?" Die Freunde sehen sich um.

„O je! Da ist Golo", flüstert Ivan Igel ängstlich.

„Der hat bestimmt etwas vor", zwitschert Anni.

„Golo, nie lieb!", quakt Fido Frosch. Alle schielen zu der dunklen
Gestalt hinauf.

„Ach, lasst ihn doch", sagt Max. „Spielen wir lieber weiter!"
Max legt den Ball zurecht, holt mit seinem kürzeren Bein weit aus
und schießt ...

POFF! – genau in Golos Richtung.

Golo springt blitzschnell hoch, fängt den Ball –

und läuft davon!

„Hey, gib sofort unseren Ball wieder her", rufen die Freunde.

Doch Golo denkt gar nicht daran und rennt weiter.

Max stottert entsetzt: „A-a-aber – das darf man doch nicht!"

Und Anni schimpft: „So eine Gemeinheit!"

„Wo-Hin? Wo-Hin?", fragt Fido verwirrt.

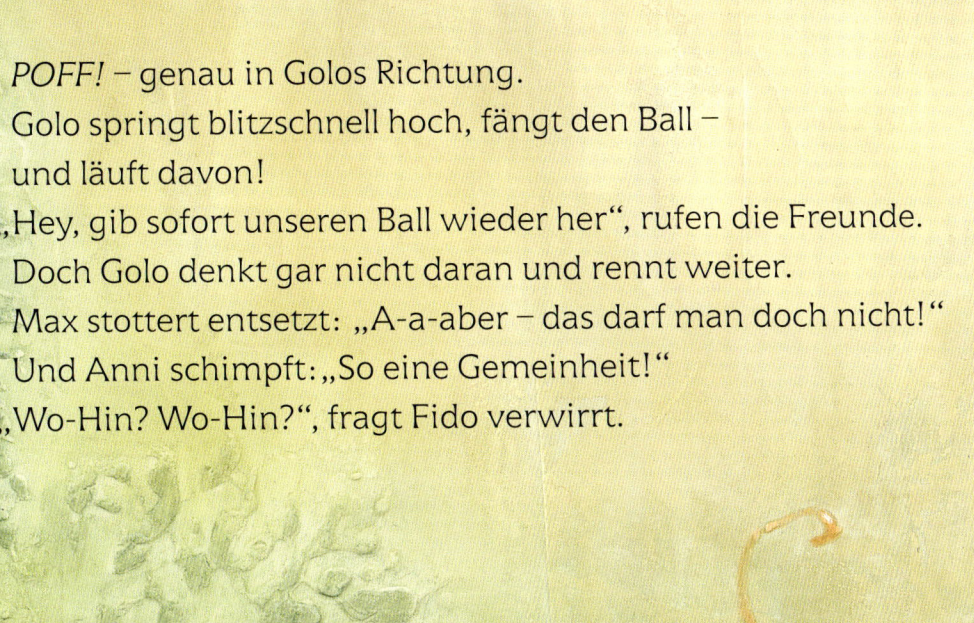

„Ich glaube, ich kann Golo finden", meint Molli und schnuppert.
„Dann kann er aber was erleben!", zwitschert Anni grimmig.

Bald darauf stehen die Freunde vor einem dunklen Bau.
„Da drin wohnt Golo!", flüstert Molli.
„Und was machen wir jetzt?", fragt Max verzagt.
„Ganz einfach: Wir verlangen den Ball zurück!", meint Anni.

Anni klopft laut an die Tür und schreit:
„Komm sofort raus, Golo, und gib uns
  den Ball zurück!"
„Quaaa – jaaa!", schreit Fido.
  Aber niemand öffnet.
„Vielleicht ist niemand zu Hause", piepst Ivan.
„Wir müssen morgen wiederkommen."
  Die Freunde sind enttäuscht,
  aber es gibt nichts, was sie tun könnten.

Am Abend überlegen sie noch immer.

„Dieser Golo ist soooo gemein!", zetert Anni.

„Der ist ganz anders als wir und will immer stören
und alles kaputt machen!"

„Quaaa-rum?", will Fido wissen.

„Keine Ahnung!", schimpft Anni.

„Vielleicht sollten wir den Fuchs um Hilfe bitten",
piepst Ivan.

„Der ist der Stärkste hier im Wald."

„Ach, dem Fuchs ist unser Ball doch egal",
seufzt Molli.

„Nein, wir müssen morgen selber
noch mal hin!"

Nur Max sagt nichts und denkt nach.

Am nächsten Tag stehen die Freunde wieder vor Golos Tür.
„Wer klopft heute?", fragt Max.
„Wir beide", sagen Molli und Ivan tapfer.
Golos Mutter reißt die Tür auf und fragt: „Was ist?"
„Äh – könnten wir vielleicht unseren Ball wiederhaben?",
  stottern Molli und Ivan. „Golo hat ihn gestern weggenommen …"

„GOOOLOOO!", schreit die Mutter wütend und verschwindet im Bau.
Die Freunde stehen ratlos draußen. Was nun?

Da rollt plötzlich etwas Rundes,
Buntes durch den dunklen Flur ...
„Unser Ball!", rufen die Freunde überrascht.
Max fängt ihn auf und drückt ihn fest an sich.

„Los, kommt!", rufen die anderen. „Nichts wie weg hier!"
Doch Max bleibt stehen und überlegt.
Und mit einem Mal weiß er, was zu tun ist ...

Max rollt den Ball zurück in den Bau und ruft:
„Hallo, Golo! Magst du mit uns spielen?
Dann komm nachher auf die Wiese. Und bring den Ball mit!"
Die Freunde starren Max entsetzt an, und Anni zetert:
„Sag mal – spinnst du? Golo kommt bestimmt nicht.
Und unseren Ball sehen wir nie wieder!"
„Nieee!", quakt Fido.
„Vielleicht doch", meint Max und humpelt fröhlich pfeifend davon.

Wenig später kommt Golo.

Unter seinem Arm trägt er den Ball.

„Hey! Fein, dass du da bist!", begrüßt ihn Max.

„Ohne Ball war es ziemlich langweilig.

Magst du mitspielen?

Wir müssen aber alle gut aufeinander Acht geben:

Molli sieht schlecht,

Fido hört schlecht,

Ivan fürchtet sich schnell,

und ich kann nicht so gut laufen.

Willst du trotzdem mitmachen?"

Golo denkt kurz nach. Dann nickt er.

„Ja, klar will ich. Aber ich bin ziemlich stark. Am besten,
ich gehe ins Tor und fange. Da schieße ich niemanden um."

„Gute Idee ", meint Max. „Also los!"

Die Freunde spielen und spielen, bis es dunkel wird.

Schließlich fängt Golo den Ball ein letztes Mal und fragt:

„Wem gehört der Ball eigentlich?"

„Der Ball gehört uns allen", erklären die fünf Freunde.

„Heißt das – er gehört auch mir?", fragt Golo verwundert.

„Ja, klar!", lacht Max. „Ein Ball reicht ja für alle!"

„Darf ich ihn dann noch mal mitnehmen?", fragt Golo weiter.

„Natürlich!", lachen seine Freunde.

„Und morgen spielen wir wieder miteinander!"